中央编译局文库编辑委员会

主　　任：贾高建
副 主 任：魏海生　柴方国　季正聚　崔友平
委　　员（按姓氏笔画排序）：
　　　　　冯　雷　牟建君　杨雪冬　沈红文　张凤宝
　　　　　陈家刚　胡长栓　郗卫东　葛海彦

马克思主义经典著作研究读本

主　编　杨金海　李惠斌

马克思《人类学笔记》研究读本

曹典顺

《马克思主义经典著作研究读本》顾问委员会

贾高建　俞可平　顾锦屏　庄福龄　陈先达　赵家祥　詹汝琮
李洙泗　张钟朴　冯文光　安启念　韩庆祥　李小兵　张曙光

《马克思主义经典著作研究读本》编委会

主　编　杨金海　李惠斌
副主编　薛晓源　林进平
编　委　（按姓氏拼音排序）
　　　　　曹典顺　韩立新　江　洋　李百玲　吕梁山
　　　　　苗永姝　聂锦芳　闫月梅　杨学功　姚　颖
　　　　　张　盾　张云飞　郑　锦

总　序

呈献给读者的这套"马克思主义经典著作研究读本"丛书，旨在立足于21世纪中国和世界发展的现实，对马克思、恩格斯、列宁重要著作以及有关专题思想重新进行较为深入的研究和解读，供广大读者特别是致力于深入研究马克思主义经典作家原著的读者阅读使用。计划出版40种，三年内陆续完成编写和出版工作。

马克思主义经典著作是学习和研究马克思主义理论的基础文本，历来为人们所重视。在我国学术史上，曾编写和出版过不少关于经典著作的读本，包括各种注释性读本和导读性读本，对学习和研究马克思主义理论发挥过重要作用。然而，随着时代的发展，这些读本也越来越显出历史局限性。比如，以往对经典著作的解读视角较旧，对马克思主义理解不够全面；解读的经典著作范围较小，视野有限；解读所依据的文献不足，深度不够等。进入新世纪以来，特别是自2004年中央实施马克思主义理论研究和建设工程以来，马克思主义经典著作的教学、研究以及普及工作不断加强，这就迫切要求对经典著作重新进行解读。

同时，这些年我国学界有关经典著作的翻译和研究成果不断推出，为更好地解读经典著作提供了可能。改革开放以来，特别是进入新世纪以来，随着我国社会主义现代化建设以及人类文明的深入推进，我们对马克思主义的理解以及对经典著作的研究不断深化，解读视角发生重大转变，对马克思主义的理解更加全面。例如，以往由于受革命实践的影响，我们较多地从社会主义"革命"视角去解读，而较少从社会主义"建设"视角去解读，因此，较多地注重研究其中的阶级斗争、无产阶级革命和无产阶级专政等理论，而较少研究社会和谐发展、人的全面发展等思想。革命胜利后，仍然沿袭了这种解读模式。这就造成了对马克思主义理解的片面性。实际上，马克思主义经典著作中有丰富的新社会建设思想，恰恰是这些长期被忽视的思想对我们今天的社会主义建设实践来说更有意义。近些年来，我国学者自觉地从"建设"视角研究经典著作基本观点，取得了一系列可喜成就。又如，过去对经典著作的解读主要限于对若干重要经典著作的解读，如对《共产党宣言》等五六部名著有较为详细的解读，对其他著作的解读不多。即使有收文较多的导读性读本，但常常由于篇幅所限，也只能对这些著作进行简要介绍，不可能对每一部著作展开研究。近些年来，这种情况在逐步发生变化。研究经典著作的专题成果越来越多。再如，近年来新的经典著作编译成果和相关研究成果不断推出，大大拓宽了人们对经典著作基本观点的理解。加之这些年我国学界一大批优秀的中青年学者成长起来，他们的外语水平较高，知识储备较多，研究方法较新等，对经典著作的研究和理解也更有新意。这些都为更好地解读经典著作提供了新的时代条件。

　　为了继承前人研究的成果，弥补以往研究的不足，总结这些年我国学界编译、研究经典著作的成果和经验，比较全面系统地解读和阐释经典著作的基本观点，中央编译局专门成立了"马克思主义经典著作及其重大理论问题研究"课题组，并对该项研究提供了基金资助。课题组不仅在局内组织力量进行研究，而且向社会公开招标，争取到社会力量的支持，一批有造诣的中青年专家参与到课题研究中来。经过课题组同仁两年多努力，已经形成一批研究成果，并将继续补充、完善并陆续推出。这套"马克思主义经典著作研究读本"丛书就是这些成果的集中体现。

　　本丛书力求体现如下特点，这也是丛书编著工作所力求遵循的原则：第一，体现全面性和系统性。本丛书不仅对经典作家的名著进行解读，也对其他重要著作进行解读，还要对经典作家的一些重要思想，如马克思的人类学思想、列宁的新经济政策理论等，进行专题梳理和解读。不仅从"革命"视角，而且从"建设"视角，全面、系统地梳理经典作家的思想观点。力求使这套丛书成为收文最全面、解读最系统、最能够反映经典作家著作全貌的学术成果。第二，突出文献性和考证性。每一研究读本的写作，力求充分反映国内外有关研究成果，特别是要充分反映我国新时期在经典著作翻译和研究方面所发现的新文献、取得的新成果。在此基础上，要对经典著作形成的历史背景、国内外传播、原著重要思想观点及其流变，以及后人对这些观点的理解等，进行考证研究。如果说过去的解读主要是"注"的话，那么，这套读本则要进一步体现"疏"的特点。通过这种"注疏"性考据研究，不仅使读者知其然，也知其所以然。这样，也能够为学界进一步研究提供尽可能丰富的文献资料。第三，力求权威性和准确性。一方面，研究读本所依据的经典著作文本力求具有权威性和准确性。主要依据中央编译局所编译的最新译本，如《马克思恩格斯全集》第二版、《马克思恩格斯文集》、《列宁全集》第二版、《列宁文集》等。对还没有新译文的文本，可以采用旧译文。同时，适当参照外文版本，进行比较研究。另一方面，所依据的其他文献资料，也力求具有权威性和准确性。要选择国内外在该研究领域最具权威性的专家学者的最具代表性的观点和最有影响力的文章。

基于上述考虑，本丛书采取大致统一的研究和写作框架。除导论外，各个读本均有五个部分组成。一是历史考证部分，其中包括写作背景、国内外主要版本和传播考证等；二是研究状况部分，包括对国内外已有的研究情况进行梳理；三是当代解读部分，包括对经典著作的内容简介，对已有研究观点的疏正，对重要理论观点及其当代意义的阐述；四是原著选编部分，根据经典著作的不同情况，或采取全选的形式，或采取节选的形式，均采用中央编译局的最新译本，个别读本同时选编原著的旧文本，以方便比较研读；五是附录部分，包括3到5篇关于本著作的国内外有一定权威性的研究文章，以及进一步研究需要参考和阅读的文献资料。

需要说明的是，对于经典著作的研究，往往会有仁者见仁、智者见智的情况。所以，尽管我们在组织编写工作中努力体现上述原则，但这些读本的观点不一定都具有代表性，更不可能与每一位读者的观点完全一致。加之作者研究角度不同，水平各异，每一读本的结构、篇章、内容、观点都不尽相同，其权威性程度也不尽一致。其中很可能有疏漏和错误之处，谨请读者批评指正。

　　该丛书在编写和出版过程中，得到了各个方面的大力支持。中央编译局对此项工作高度重视，始终给予鼎力支持。国家出版基金将该丛书列入2012年资助项目。中央编译出版社为该丛书申报国家出版基金项目并最终立项，以及为丛书出版做了大量工作。本丛书中收入的译著和文章的译者、作者和出版者同意我们使用相关的著作版权。该项目顾问委员会的专家对丛书的编写工作给予热情指导，编委会成员和课题组同仁为丛书的编写付出了辛勤劳动。在此一并致以衷心的谢意！

《马克思主义经典著作研究读本》

编辑委员会

2013年6月16日

目 录

导 论　为什么马克思要撰写《人类学笔记》 ………………………… 1

第一部分　历史考证 …………………………………………………… 17

第一章　《笔记》写作背景 …………………………………………… 19
　　一　《笔记》写作的时代背景 ……………………………………… 19
　　二　《笔记》写作的学术史背景 …………………………………… 23
　　三　《笔记》写作的学术背景 ……………………………………… 28

第二章　《笔记》国外主要版本和传播 ……………………………… 34
　　一　《笔记》在西方的主要版本和传播 …………………………… 34
　　二　《笔记》在苏联的主要版本和传播 …………………………… 36

第三章　《笔记》国内主要版本和传播 ……………………………… 43
　　一　20世纪《笔记》在国内的主要版本和传播 ………………… 43
　　二　21世纪《笔记》在国内的主要版本和传播 ………………… 49

第二部分　研究状况 …………………………………………………… 57

第四章　《笔记》国外研究状况 ……………………………………… 59
　　一　《笔记》的民族学视域研究 …………………………………… 59
　　二　《笔记》的人类学视域研究 …………………………………… 63
　　三　《笔记》的社会哲学研究 ……………………………………… 67

第五章　《笔记》国内研究状况 ……………………………………… 72
　　一　《笔记》的唯物史观研究 ……………………………………… 72

1

二　《笔记》的人类学研究 …………………………………… 77
　　三　《笔记》的社会哲学研究 ………………………………… 81

第三部分　当代解读 …………………………………………………… 87
　第六章　《笔记》的结构、逻辑和内容 ………………………………… 89
　　一　《笔记》的文本结构和逻辑架构 ………………………… 89
　　二　《笔记》的主要内容 ……………………………………… 102
　第七章　《笔记》的重要理论观点 ……………………………… 145
　　一　社会发展道路具有规律性 ………………………………… 145
　　二　社会发展道路存在特殊性 ………………………………… 153
　　三　社会发展道路注重和谐性 ………………………………… 160
　第八章　《笔记》的当代意蕴 …………………………………… 167
　　一　《笔记》是全面认识马克思不可逾越的重要著作 ……… 168
　　二　《笔记》是研究社会发展理论的重要学术成果 ………… 176
　　三　《笔记》是当代中国道路建设的重要思想资源 ………… 186

第四部分　经典著作选编 ……………………………………………… 195
　马克思　马·柯瓦列夫斯基《公社土地占有制，其解体的原因、
　　　　　进程和结果》一书摘要（节选） ………………………… 197
　马克思　路易斯·亨·摩尔根《古代社会》
　　　　　一书摘要（节选） ………………………………………… 245
　马克思　约翰·菲尔爵士《印度和锡兰的雅利安人村社》
　　　　　一书摘要（节选） ………………………………………… 289
　马克思　亨利·萨姆纳·梅恩《古代法制史讲演录》
　　　　　一书摘要（节选） ………………………………………… 308
　马克思　约·拉伯克《文明的起源和人的原始状态》
　　　　　一书摘要（节选） ………………………………………… 341

第五部分 附　录 ······ 359

附录Ⅰ　研究文献精选 ······ 361

一　〔美〕劳伦斯·克拉德：《进化论、革命和国家：马克思与他的同时代人达尔文、卡莱尔、摩尔根、梅恩和柯瓦列夫斯基的批判关系》（节选） ······ 361

二　〔苏〕古拉姆·克拉德：《摩尔根对马克思的影响：亚细亚社会问题》（节选） ······ 372

三　〔英〕特奥多尔·汕宁：《晚期马克思与俄国的"资本主义边缘"》（节选） ······ 377

四　江丹林：《马克思晚年"人类学笔记"与唯物史观》（节选） ······ 383

五　荣剑：《马克思的社会历史理论和"晚年笔记"探析》（节选） ······ 389

附录Ⅱ　延伸阅读书目 ······ 397

一　中文参考文献 ······ 397

二　外文参考文献 ······ 398

后　记 ······ 401

导　论　为什么马克思要撰写《人类学笔记》

《人类学笔记》（以下简称《笔记》），又被称之为《民族学笔记》、《古代社会史笔记》，是马克思主义经典著作，收录了马克思在1879—1882年间，阅读柯瓦列夫斯基、摩尔根、梅恩、拉伯克、菲尔等人著作时所作的笔记。马克思阅读菲尔著作的笔记，中文发表在《马列主义研究资料》1987年第1—4期；其他四篇笔记发表在《马克思恩格斯全集》中文第一版第四十五卷。1996年，由中央编译局编译、人民出版社出版的《古代社会史笔记》收录了马克思阅读柯瓦列夫斯基、摩尔根、梅恩、拉伯克、菲尔等五人著作时所做的笔记。本书所研究的马克思《人类学笔记》，与人民出版社出版的《古代社会史笔记》收录的马克思的五篇笔记相一致。需要指出的是，尽管后人认为美国人类学者劳伦斯·克拉德是用人类学理解《笔记》的第一人，但《笔记》1972年第一次被劳伦斯·克拉德整理发表时并不是冠以"人类学笔记"的名称，而是以"民族性笔记"命名，书中收录了马克思阅读《古代社会》、《印度和锡兰的雅利安人村社》、《古代法制史讲演录》、《文明的起源和人的原始状态》四部著作时所做的笔记。此后的诸多学者，认为这些笔记可称为"人类学笔记"，并给予了很大程度的关注。本书认为，如果"仅仅"从人类学视角理解《笔记》，有着将马克思主义解读为"人本学马克思主义"的危险，即遮蔽了《笔记》渴望"理想社会状态"的思想主旨，所以，从社会哲学的视角解读《笔记》是必不可少的方法之一，也是本书的主要宗旨之一。这一观念可以从马克思为什么要撰写《笔记》的追问中得到解答。

一、"改造世界"的探索

人类社会的历史可以有多种解释，比如社会思想史、社会制度史、社会发展史，而社会思想史又可分为哲学思想史、政治思想史等。从哲学思想史的角度看，马克思撰写《笔记》不过是正常履行哲学家"改造世界"的社会责任而已，换言之，"改造世界"的探索是《笔记》写作的基本哲学诉求。原因可以概括为三个方面。

首先，马克思反对哲学家只是用哲学解释世界，主张履行"改造世界"的社会责任。1835年10月，17岁的马克思到波恩大学法律系学习法律。当时的波恩大学不关注政治，崇尚浪漫主义的哲学和文化。受此影响，其后相当一段时间，马克思大量精力用在了创作诗歌之上，其中，不乏写给恋人燕妮的爱情诗，比如，"人的自豪。致燕妮"、"惜别的晚上。致燕妮"、"心灵曲。致燕妮"、"和谐。致燕妮"、"渴望。致燕妮"。也许由于这种原因，或许考虑到波恩大学饮酒、决斗、集体娱乐之类的事情时常发生，亨利希·马克思（马克思的父亲）决定让马克思转学到柏林大学。初到柏林大学，马克思就被柏林大学厚重的哲学积淀所吸引，开始关注哲学，并先后崇拜康德、费希特、谢林、黑格尔。哲学让马克思找到了人生的新坐标，他认为哲学是不妥协的"改造世界"的武器，因为，"哲学，只要它还有一滴血在它那个要征服世界的、绝对自由的心脏里跳动着，它就将永远用伊壁鸠鲁的话向它的反对者宣称：'渎神的并不是那抛弃众人所崇拜的众神的人，而是同意众人关于众神意见的人'"[①]。随着马克思希望在大学谋得教职的希望落空以后，马克思在卢格、鲍威尔等人的帮助下，先后给《德法年鉴》和《莱茵报》撰写稿件。如果说马克思在《评普鲁士最近的书报检查令》中还是用黑格尔的政治学原则解释社会现实，那么，其后关于"第六届莱茵省议会的辩论"的系列辩论文章，则开始反思和批判黑格尔的思辨

---

① 《马克思恩格斯全集》第40卷，北京：人民出版社1982年版，第189页。

哲学，并逐渐展现出用"尘世思维"来"改造世界"的唯物主义态度。比如，马克思在第三篇辩论中指出："法律不应该逃避真话这个人人应尽的义务。法律更应该这样做，因为它是事物的法的本质的普遍和真正的表达者。因此，事物的法的本质不应该去迁就法律，恰恰相反，法律倒应该去适应事物的法的本质。"① 此后，马克思一方面继续用哲学反思现实生活世界（比如，撰写了《黑格尔法哲学批判》、《共产党宣言》等），一方面积极投身到推翻资本主义制度的社会实践和反思之中（比如马克思亲自参与了诸多国际工人协会的工作）。直到生命的最后十年，马克思为了实现改造世界的理想，还在撰写《笔记》，以期发现更好的方法。可以说，马克思的一生就是亲身践行革命的一生，很好地履行了自己在《关于费尔巴哈提纲》中对"哲学家"的诠释——"哲学家们只是用不同的方式解释世界，而问题在于改变世界。"②

其次，马克思哲学是以尘世思维为思维方法的实践哲学，把追求真实自由作为人类终极的奋斗目标，《笔记》的撰写就是期望能够发现实现"真实自由"的社会道路。马克思在研究黑格尔的《法哲学原理》一书时，发现黑格尔的思辨哲学与其它形而上学的思维方式没有原则上的差别，从本质上解释，都归属在"天国思维"的范畴之中。那么，这种"天国观"会有利于社会的健康发展吗？马克思在关于"第六届莱茵省议会的辩论"的第一篇辩论中做了细致的分析。在马克思看来，由于议会的"这些老爷们在现代国家中的现实地位远不符合于他们想象中的地位，由于他们生活在现实世界的彼岸的世界里，由于他们用想象力来代替智慧和心灵，他们就不满意实践，所以他们就必须乞灵于理论，不过这是彼岸世界的理论即宗教"③。既然"天国思维"无法有助于社会的良性运行和发展，就要找到一条通向真实自由的现实道路。为此，马克思从政治经济学入手，对隐藏在资本主义制度背后的资本的逻辑进行了深入研究，发现了"剩余价值学说"。不可否认的是，"剩余

---

① 《马克思恩格斯全集》第1卷，北京：人民出版社1956年版，第138—139页。
② 《马克思恩格斯选集》第1卷，北京：人民出版社1995年版，第61页。
③ 《马克思恩格斯全集》第1卷，北京：人民出版社1956年版，第59页。

价值学说"的发现，只能在理论上宣布资本主义制度的腐朽和灭亡，还不能直接导致资本主义的灭亡。但是，处于那个时代的无产阶级的领袖们，不可能完全理解这一观点，他们中的很多人认为，只是简单地认为，只要把关于"剩余价值学说"的道理告诉工人阶级，资产阶级的统治就会迅速被摧毁。于是，他们发动了一系列工人运动（马克思还一度被选举为共产主义者同盟的中央委员会主席），甚至成立了第一个工人政权组织——"巴黎公社"。需要指出的是，尽管这时的无产阶级革命没有成功，但完全可以视为马克思在实践中践行自己哲学思想的真正开端。比如，1848年3月，马克思与恩格斯一起，为德国的无产阶级革命制定了一个建立在《共产党宣言》哲学思想基础上的革命纲领。纲领中这样认为："1. 全德国宣布为一个统一的、不可分割的共和国。2. 凡年满21岁的德国人，只要未受过刑事处分，都有选举权和被选举权。3. 发给人民代表薪金，使德国工人也有可能出席德国人民的国会。4. 武装全体人民。今后，军队同时也应当是劳动大军，使部队不再象以前那样光是消费，并且还能生产，而所有生产出来的东西要多于它的给养费用。"① 实践证明，如此的无产阶级革命是不可能成功的。其后，或许是因为马克思认为，应该在"本质特征"上找到失败的原因，所以，马克思把的大量精力投入到了经济学和《资本论》的研究之中。但后来的许多无产阶级革命家和思想家，不断地向马克思请教如何做革命的准备，又导致马克思不得不暂时中断《资本论》的研究，去思考和回答他们提出的问题。比如，马克思为回答维拉·伊万诺夫娜·查苏利奇的问题，提出了著名的"跨越卡夫丁峡谷理论"。在本书看来，马克思晚年放弃《资本论》的写作，反而转向"人类学"的研究和《笔记》的写作，原因之一就是为了解决这些具体问题——社会发展道路问题。

再者，作为哲学家的马克思，与古今中外诸多的哲学家一样，都在用自己的方式"改造世界"，马克思作为哲学家自然也不能例外。从中

---

① 《马克思恩格斯全集》第5卷，北京：人民出版社1958年版，第3页。

国哲学思想史看，中国哲学家们自古就有改造世界的理想，比如，仅仅在古代中国，就有孔子、老子、孟子这样的著名哲学家。孔子作为中国哲学史上最具盛名的哲学家，除了提出"忠恕"思想、阐明"仁政"之道以外，还积极周游列国，宣扬自己的政治主张和政治见解。至于老子，很多人认为这是一个只有思想，没有政治倾向的哲学家。事实上，君主的无为而治则是老子的政治主张。从时代精神的角度看，老子的政治主张就是一种对至善至美的"乌托邦"体制的幻象。至于孟子，在《孟子·尽心下》中提出了完备的民本主义思想。孟子说："民为贵，社稷次之，君为轻。是故得乎丘民而为天子，得乎天子为诸侯，得乎诸侯为大夫。诸侯危社稷则变置。牺牲既成，粢盛既洁，祭祀以时，然而旱干水溢，则变置社稷。"在西方社会发展史上，同样有诸多哲学家关注现实生活世界，比如仅在西方古代社会，就有苏格拉底、柏拉图、亚里士多德等诸多哲学家，甚至一些哲学家还因为执着自己的政治见解而失去了生命（如苏格拉底）。在人类思想史上，苏格拉底虽然没有留下著作，但他的诸多学生（尤其是柏拉图），对他的思想作了记载。从政治思想看，苏格拉底提出了善的道德原则和正义的政治追求，反对宗教与政治联姻。正是因为这种对宗教的不信任，苏格拉底被雅典的民主法庭判处了死刑。柏拉图看到了自己的老师——苏格拉底，一个智慧的、勇敢的、有德性的人，死在了民主的体制之下，提出了由哲学家管理社会（或国家）的政治主张，这一思想在其名著《理想国》中有着详尽的阐述。作为柏拉图学生的亚里士多德，虽然与自己的老师柏拉图的政治主张不尽相同，但思想深处，依然充满了"改造世界"的愿望。比如，亚里士多德主张从现实出发，对人性和理性持怀疑态度，相信法律的价值和意义。既然古今中外的哲学家都在用自己的方式参与着"改造世界"，那么，马克思为什么还要说哲学家们只是用不同的方式解释世界呢？本书认为，马克思认为的哲学家们只是用不同的方式解释世界，包含哲学家们提出的社会应该向何处发展的问题。马克思所说的改造世界是指，马克思鼓励哲学家积极投身到社会革命之中，并不是说其他哲学家的思想是解释世界，他自己的思想才是改造世界。总之，每一位哲学家，包括马克思，都在用自己的方式参与"改造世界"。

二、历史唯物主义补写

恩格斯的《在马克思墓前的讲话》一文认为，马克思一生有两大发现，即人们熟知的唯物史观和剩余价值学说。唯物史观和剩余价值学说之间的关系，从逻辑学的角度看，似乎应该是剩余价值学说在先，唯物史观在后。但从马克思的研究看，的确又是首先发现唯物史观。从知性思维的意义上理解，无论是唯物史观，还是剩余价值学说，在马克思的有生之年，都只能是未竟的事业，即没有彻底完成，马克思只是发现了历史唯物主义和剩余价值学说的"基本原理"。这一基本原理，马克思首先在《〈政治经济学批判〉序言》中就有了概括性表述，即"人们在自己生活的社会生产中发生一定的、必然的、不以他们的意志为转移的关系，即同他们的物质生产力的一定发展阶段相适应的生产关系。这些生产关系的总和构成社会的经济结构，即有法律的和政治的上层建筑竖立其上并有一定的社会意识形式与之相适应的现实基础。物质生活的生产方式制约着整个社会生活、政治生活和精神生活的过程。不是人们的意识决定人们的存在，相反，是人们的社会存在决定人们的意识"①。但如何检验和进一步证明这一唯物史观的基本原理呢？本书认为，马克思为此采用的方式是：拓展剩余价值学说的理论逻辑。这即是说，此后马克思把学术研究放在《资本论》之上，是为了检验和证明自己的唯物史观理论。然而，从内在逻辑看，唯物史观和剩余价值学说是不可分割的两个方面，也就是说，不仅唯物史观需要剩余价值学说去证明，剩余价值学说也需要唯物史观去检验。所以，马克思在生命的最后十年转向"人类学"研究和《笔记》的摘录与评注，与这种理论逻辑有着密切的关联。这也可以理解为，从主旨上看，《笔记》的主要成就就是历史唯物主义补写。所谓历史唯物主义补写，有两层意

---

① 《马克思恩格斯选集》第 2 卷，北京：人民出版社 1995 年版，第 32 页。

蕴。一层意蕴是指，历史唯物主义关涉的内容有所增加；另一层意蕴是指相关历史唯物主义的内容继续得到检验和校正。纵观《笔记》内容和《资本论》框架，《笔记》对历史唯物主义的补写，至少有三大领域。

首先，社会形态规律的补写。按照马克思主义哲学教科书的理解，社会形态就是指与一定的生产力发展阶段相适应的经济基础与上层建筑统一的社会存在，这种社会存在有着不以人的意志为转移的客观规律。在写作《笔记》之前，马克思在《德意志意识形态》、《雇佣劳动与资本》、《1857—1858年经济学手稿》、《〈政治经济学批判〉序言》等著作中提及和阐释了社会形态及其规律。比如，马克思在《德意志意识形态》中提出三种所有制的社会形态理论，"第一种所有制形式是部落所有制"，"第二种所有制形式是古典古代的公社所有制和国家所有制"，"第三种形式是封建的或等级的所有制"；① 在《雇佣劳动与资本》中分析了社会形态的判断方法，即"生产关系总和起来就构成所谓社会关系，构成所谓社会，并且是构成一个处于一定历史发展阶段上的社会，具有独特的特征的社会。古典古代社会、封建社会和资产阶级社会都是这样的生产关系的总和，而其中每一个生产关系的总和同时又标志着人类历史发展中的一个特殊阶段"②；在《1857—1858年经济学手稿》中则提出另一种意蕴上的三种社会形态理论，"人的依赖关系（起初完全是自然发生的），是最初的社会形态，在这种形态下，人的生产能力只是在狭窄的范围内和孤立的地点上发展着。以物的依赖性为基础的人的独立性，是第二大形态，在这种形态下，才形成普遍的社会物质变换，全面的关系，多方面的需求以及全面的能力的体系。建立在个人全面发展和他们共同的社会生产能力成为他们的社会财富这一基础上的自由个性，是第三个阶段。第二个阶段为第三个阶段创造条件。因此，家长制的，古代的（以及封建的）状态随着商业、奢侈、货币、交换价值的

---

① 《马克思恩格斯选集》第1卷，北京：人民出版社1995年版，第68—71页。
② 同上书，第345页。

发展而没落下去，现代社会则随着这些东西一道发展起来"①；在《〈政治经济学批判〉序言》中马克思指出了社会形态演进的顺序，即"亚细亚的、古代的、封建的和现代资产阶级的生产方式可以看作是经济的社会形态演进的几个时代"②。关于马克思社会形态的理论，学界的共识是：马克思认为社会形态的演进是有规律的；但对于社会形态如何演进，主流观点认为：马克思认为社会形态是按照原始社会、奴隶社会、封建社会、资本主义社会、共产主义社会的五种形态顺序演进的；但也有一些学者认为五种形态论不是马克思本人的真实思想。笔者认为，从以上马克思对社会形态理论展开的分析看，马克思在《笔记》写作前，马克思的社会形态理论主要是理论推理和判断，对于真实社会的理解，尤其是对"古代社会"的理解，还需要进行更为深入的探讨。因为，在《笔记》中，马克思继续分析社会形态问题，尤其是从历史唯物主义出发，从社会形态的历史变迁中，深度分析社会形态是如何诞生的等微观视域中的问题。比如，马克思在《古代社会》笔记中指出："无论怎样高度估计财产对人类文明的影响，都不为过甚。财产曾经是把雅利安人和闪米特人从野蛮时代带进文明时代的力量。管理机关和法律建立起来，主要就是为了创造、保护和享有财产。财产产生了人类的奴隶制作为生产财产的工具……随着财产所有者的子女继承财产这一制度的建立，严格的专偶制家庭才第一次有可能出现。"③

其次，社会结构理论的补写。社会结构既是社会学研究的一个重要范畴，也是社会哲学、历史唯物主义的一个重要内容。黑格尔在《法哲学原理》中对社会结构做了全面和详尽的解释。在黑格尔看来，社会结构有三个层面：家庭、市民社会和国家，国家体制下的"分权体制"是最为理想的"合理社会结构"。黑格尔之所以崇尚"国家结构"，是因为在黑格尔的思想里，"国家是伦理理念的现实——是作为显示出来

---

① 《马克思恩格斯全集》第46卷（上），北京：人民出版社1979年版，第104页。
② 《马克思恩格斯选集》第2卷，北京：人民出版社1995年版，第33页。
③ 《马克思恩格斯全集》第45卷，北京：人民出版社1985年版，第377页。

的、自知的实体一致的精神"①，或者说，"自由自为的国家就是伦理性的整体，是自由的现实化"②。这即是说，黑格尔认为，只有在"国家"这样的社会结构之中，才能实现真正的自由。马克思在莱茵报时期，虽然没有摆脱黑格尔这种哲学思想影响，但对于黑格尔关于"合理社会结构"的观念开始产生怀疑，并且写作了著名的《黑格尔法哲学批判》。遗憾的是，在《黑格尔法哲学批判》中，马克思对黑格尔的国家理论提出了深刻批判和否定，但并没有提出自己的"社会结构"理论。直到 1859 年，马克思在《〈政治经济学批判〉序言》中，才对社会结构的构筑原则作了论证，马克思说："人们在自己生活的社会生产中发生一定的、必然的、不以他们的意志为转移的关系，即同他们的物质生产力的一定发展阶段相适合的生产关系。这些生产力的总和构成社会的经济结构，即有法律的和政治的上层建筑竖立其上并有一定的社会意识形式与之相适应的现实基础。"③ 在这里，马克思把社会结构分解为经济结构、法律政治结构和社会意识结构。其后，马克思的主要研究就放在了对经济结构的详尽解剖之上，即人们都熟知的政治经济学研究。马克思积极撰写《资本论》之时，许多学者和工人阶级政治家，不断向马克思询问"灭亡资本主义"的方法，这就使得马克思不得不暂时停止《资本论》的撰写，重新进行"社会结构"理论研究。比如在《笔记》中，马克思开始关注史前社会和东方社会，对它们的"具体结构"进行剖析。当然，在《古代社会》笔记中，"马克思虽然尚无可能系统地总结和概括关于史前社会结构的基本理论，但他对摩尔根所提供的材料的若干评注，已经预示着他理论研究的新思路，即把他以前一直朦胧觉察到的关于史前社会和东方社会受制于血亲关系的观点与摩尔根对原始婚姻家庭形式的论述有机结合起来"④。

---

① 〔德〕黑格尔：《法哲学原理》，北京：商务印书馆 1961 年版，第 253 页。
② 同上书，第 258 页。
③ 《马克思恩格斯选集》第 3 卷，北京：人民出版社 1995 年版，第 82—83 页。
④ 鲁越、孙麾、江丹林：《马克思晚年的创造性探索——人类学笔记研究》，郑州：河南人民出版社 1992 年版，第 106 页。

第三，社会理论的补写。1847 年，马克思与恩格斯一起参加了正义者同盟（后改为共产主义者同盟），并在 1848 年合著了同盟的宣言——《共产党宣言》。在《共产党宣言》中，马克思提出了捍卫共产主义思想的坚定态度，并就共产主义社会可能的一些特征进行了分析，比如，提出了"1. 剥夺地产，把地租用于国家支出。2. 征收高额累进税。3. 废除继承权。4. 没收一切流亡分子和叛乱分子的财产。5. 通过拥有国家资本和独享垄断权的国家银行，把信贷集中在国家手里。6. 把全部运输业集中在国家手里。7. 按照总的计划增加国家工厂和生产工具，开垦荒地和改良土壤。8. 实行普遍劳动义务制，成立产业军，特别是在农业方面。9. 把农业和工业结合起来，促使城乡对立。10. 对所有儿童实行公共的和免费的教育。取消现在这种形式的儿童的工厂劳动。把教育同物质生产结合起来，等等"①。当然，马克思在《1844 年经济学哲学手稿》、《哥达纲领批判》、《德意志意识形态》、《资本论》等诸多著作中，都对共产主义的社会理论展开过探讨。而且这些探讨，都很有创新和深度。当然，也有一些观点或分析被误解。比如，马克思在《德意志意识形态》中的一段话，曾经被许多人讽刺和嘲笑。马克思的那段话是这样叙述的："在共产主义社会里，任何人都没有特殊的活动范围，而是都可以在任何部门内发展，社会调节着整个生产，因而使我有可能随着自己的兴趣今天干这事，明天干那事，上午打猎，下午捕鱼，傍晚从事畜牧，晚饭后从事批判，这样就不会使我老是一个猎人、渔夫、牧人或批判者。"② 马克思在这里描述的共产主义社会是一种"可能性"存在，意在表征共产主义社会能够给人类带来"真实的自由"。然而，现实生活世界里，却有一部分人把马克思的这段话理解为"愚蠢"的"陈述性"表达，即到了共产主义社会，人们的生存状况是：早上去打猎，下午去钓鱼，晚上饲养家畜，吃完饭发发牢骚。在《笔记》摘录和评注之前，马克思关于共产主义的社会理论主要还是理论层面，而在

---

① 《马克思恩格斯选集》第 1 卷，北京：人民出版社 1995 年版，第 293—294 页。
② 同上书，第 85 页。

《笔记》里，马克思开始通过对"以往社会"的具体分析，为自己的社会理论——共产主义学说，积累可资借鉴的经验性材料。比如，马克思在《古代法制史讲演录》笔记中关于氏族家庭形式问题作了这样的评价，即"他在这里指的正是现今印度的联合家庭形式，它带有很次要的性质，正因为如此，它在农村公社之外，尤其在城市里处于统治地位"[①]。

三、社会道路反思

在人类社会发展的历史进程中，确立怎样的社会道路是最为困难的理论问题和实践问题之一。这一问题的研究，在哲学上被称之为社会哲学（亦可称之为政治哲学或社会政治哲学）。当然，当下时代的社会哲学研究，已经与传统的社会哲学研究，从方法到内容上都有所不同。从方法上看，传统的社会历史哲学采用的多是比较研究法和宏观分析法；从内容上看，传统中国哲学家和西方哲学家的终极追求不同，中国哲学家倾向于回到过去，西方哲学家力争否定过去。比如把中国先秦时期的社会哲学置于整个中国哲学史看，整个时期都是硕果辉煌，具体而言，那个时期的哲学家们的价值前提就是对周礼的复兴，即把自己的社会道路理论建立在对传统价值观批判的基础之上；把西方文艺复兴时期的社会哲学置于整个西方哲学史看，那个时期的哲学家们的价值前提就是，对中世纪宗教伦理的彻底批判和重构。当下的社会哲学研究，虽然还沿袭比较法，但更多的引进了实证分析法、微观分析法等。哲学（包括社会哲学）最大的特点之一就是宏观高度、总体原则，其理论结论被许多人视为"宏大叙事"。马克思的社会哲学也不例外，被许多人视为"宏大叙事"。本书不否认马克思的社会哲学是"宏大叙事"，但又认为，马克思的宏大叙事与传统形而上学的宏大叙事却是不尽相同。这种不同有两大原因：一个原因是，马克思的理论成果——建立在尘世思维方式

---

① 《马克思古代社会史笔记》，中央编译局编译，北京：人民出版社1996年版，第444页。

基础之上的社会哲学（也可理解为唯物史观），彻底颠覆了传统的社会发展理论；另一个原因是，马克思的理论结论不仅经过了理论逻辑的验证，也经历了历史逻辑的"检验"。具体而言，在《笔记》摘录和评注之前，马克思关于社会道路理论的主要论证前提是"资本主义社会"，即马克思深刻地洞悉了资本主义社会必然灭亡、共产主义社会必然胜利的历史逻辑。也即是说，马克思这个时期的社会道路理论还主要是宏观把握，即把握社会道路的发展方向。而从社会发展史看，社会发展从来不是直线的发展，而是螺旋的上升。既然是螺旋上升，就存在一个现实性问题，即怎样尽可能地避免发展的低谷。也即是说，要探索不让社会道路总是处在发展的低潮或低谷的"道路"。《笔记》就是要做这样的探索，即用微观和实证的方法，从具体的社会道路之上，寻找通向共产主义社会的社会道路和共产主义社会的发展道路。本书认为，《笔记》在四个方面进行了对以往社会道路的反思。

第一，家庭在社会道路中的意义。在史前的原始社会，家庭在社会运行之中的意义就已十分明显，但到了资本主义社会，家庭在稳定社会中的作用似乎有所下降。那么，家庭到了共产主义社会是否还应该存在，如果还继续存在，应该如何存在呢？这些问题，马克思的社会哲学理论必须予以解答。《笔记》的一个主要内容就是解答了家庭在社会道路中的意义。比如在《古代社会》笔记中，马克思摘录了摩尔根对家庭形式的概括。马克思说："摩尔根把家庭形式分为以下各种：（1）血缘家庭；兄弟和姊妹群婚；马来亚式亲属制度就是建立在这种家庭形式的基础上的。（2）普那路亚家庭；这个名称来自夏威夷的普那路亚亲属关系。它是以几个兄弟和他们彼此的妻子的群婚或几个姊妹和她们彼此的丈夫的群婚为基础的。（3）对偶制家庭；意为配成对。这种家庭的基础是一男一女结成配偶，但并不是独占的同居；它是专偶制家庭的萌芽。丈夫和妻子双方都可随意离婚或分居。这种家庭形式并没有创造出特殊的亲属制度。（4）父权制家庭；以一男数女的婚姻为基础。在希伯来人的牧畜部落中，酋长和显要人物都实行多偶制。（5）专偶制家庭；一男和一女实行独占同居的婚姻；它主要是文明社会的家庭，本质上是现代的东西。在这种家庭形式的基础上建立了独立的亲属制度。"① 由于《笔记》还只是停留在马克思为自己的社会哲学（这里等同于唯物史观）思想寻找理论来源或历史证据阶段，而不是社会哲学思想的归纳阶段。所以，马克思没有展望共产主义社会的家庭状况。

第二，社会组织在社会道路中的意义。广义的社会组织是指人们在从事社会活动时所结成的群体形式，包括氏族、政府、军队和学校等。狭义的社会组织是指为了实现共同的理想和目标而有意组织起来的社会机构，如学校、医院、社会团体等。有学者还把家庭也称之为社会组织，但本书认为，家庭在社会运行中的意义是其它组织所不能代替的，具有特殊的意蕴，所以本书把其与社会组织单独分列。《笔记》对社会组织及其运行给予了诸多关注，甚至每一个笔记都包括这种"隐喻"。比如《古代社会》笔记的第二编第一章就是"以性别为基础的社会组织"，专门探讨了社会组织在社会道路中的意义；《古代法制史讲演录》则是以隐喻的形式探讨社会组织怎样保障社会良性运行。整个《笔记》的内容，都体现出历史逻辑与理论逻辑的密切关涉，比如《笔记》中论及，"在达令河——悉尼以北——地区，在使用卡米拉罗依语的澳大利亚土著中，存在着以性别为基础的级别组织和不发达的以亲属为基础的氏族组织。这两种组织也在澳大利亚的其他部落中广泛流传；对它们的内部组织进行探讨后就可看出：男女两性的级别比氏族更古老，氏族在卡米拉罗依人中正处在瓦解级别组织的过程中。分为男女两支的级别是社会制度的单位，并处于中心地位，而氏族还不发达，正在侵蚀级别组织而趋于完备。类似的以性别为基础的组织迄今还没有在澳大利亚以外的其他蒙昧部落中发现过，因为这些蒙昧的岛民，在与世隔绝的居住地区发展得很缓慢，极古老的（组织）形式也保存得最长久。"②

第三，法制在社会道路中的意义。一些推崇西方价值观（主要就是美国价值观）的人认为，美国是一个法制国家，所以美国就是一个自由

---

① 《马克思古代社会史笔记》，中央编译局编译，北京：人民出版社1996年版，第130—131页。

② 同上书，第193页。

民主的国家，或者说，美国之所以是一个自由民主的国家，是因为美国是一个法制国家。这即是说，法制在社会道路中具有十分重要的作用。当然自由不能代替法制，法制更不能遮蔽自由，因为法制和自由不属于同一类功能的范畴，只是功能上并列的范畴。从词源学意义上理解，法制即法律制度；从广义上理解，法制就是指法律制度、法律实施和法律监督等的总称。或许是由于马克思在大学期间对哲学进行过专业的学习，因而在自己的思想深处，充满了对"自由"（社会哲学最重要的主题之一）的向往。这种向往，不仅体现在马克思社会哲学思想的结论——共产主义理想之中，也展现在马克思一生始终崇尚自由的生活方式之中。晚年的马克思，深刻地感受到了法制的意义，也就是说，破坏或消灭的只能是资本主义法制，共产主义社会不可能不需要规则。当然，这种规则可能不再能称之为"法制"，但在功能上，和法制有着诸多"相像"的地方。之所以说可能不再称之为法制，援引教科书的观点就是，在马克思的思想里，法律是阶级统治的工具。本书认为，诸多的综合原因使马克思感受到，共产主义社会的建设不能忽视"法制性质"的"社会规则"，于是给予《古代法制史讲演录》一书极大的关注。在对《古代法制史讲演录》所做的笔记里，马克思给予了众多深刻的点评，比如，马克思说："誓金诉讼法就是这样实行的，同时这也说明法学家的隐秘的本性：最重要的是 Lex 即成文法。但也是就字面而言——不是法律的精神，而是法律的文字，公式。"①

第四，"特殊性"在社会道路中的意义。从马克思的世界历史理论到当下时代的全球化理论，都表征着一个思想内核——"统一性"。可见，"统一性"在当下时代具有重要意义，但一个不可否认的事实是，当下时代的主题并不是"统一性"，而是"统一性与差异性共容"。"统一性"就是指国家和地区之间达成的"共识"，"差异性"就是指每个国家和地区都有自己存在的"特殊性"。也就是说，从马克思那个时代

---

① 《马克思古代社会史笔记》，中央编译局编译，北京：人民出版社1996年版，第486页。

就广泛存在的国家与地区之间的"差异性"依然存在。不容回避的是，马克思早期的社会哲学思想忽略了这种"差异性"存在，以至于得出了"共同革命论"和"同时胜利论"的社会发展道路。但社会发展的历史进程，并没有按照"共同革命论"和"同时胜利论"的理论逻辑显现。需要注意的是，或许是因为这种没有出现的现象，导致不断有人向马克思提及这一问题。在这样的背景下，马克思"不得不"去认真思考这类问题。本书认为，这就是马克思写作《公社土地占有制，其解体的原因、进程和结果》笔记的原因。在这个笔记中，马克思不仅摘录和分析了美洲红种人的土地占有制、西班牙在西印度的土地政策及其对西印度群岛和美洲大陆公社所有制的瓦解所产生的影响，也摘录和分析了印度现代公社土地所有制的各种形式，以及阿尔及利亚的多种土地占有制。

上文分析表明，《笔记》的写作就是为了更好地发现通向人类自由的现实道路。因此，本书就应该站在社会哲学的高度理解《笔记》的这一主旨，因为从哲学基础理论的视角看，马克思的历史唯物主义就是社会哲学，即马克思的社会哲学。至于研究方法，本书力争以《笔记》的文本为基础，以文本文献学的马克思主义哲学研究范式，将《笔记》置于和谐社会建构理论的学术谱系之中，还原马克思在《笔记》中展现出的深邃社会哲学理论。所谓文本文献学范式，就是指以文本、文献为研究对象的文本文献考订和文本解释学多重学术视域相贯通的研究方式。